BEI GRIN MACHT SICH II
WISSEN BEZAHLT

Maximilian Ritz

Der Trend zum Cloud Computing

GRIN Verlag

Bibliografische Information der Deutschen Nationalbibliothek:

Die Deutsche Bibliothek verzeichnet diese Publikation in der Deutschen National-
bibliografie; detaillierte bibliografische Daten sind im Internet über http://dnb.d-
nb.de/ abrufbar.

Impressum:

Copyright © 2011 GRIN Verlag GmbH
Druck und Bindung: Books on Demand GmbH, Norderstedt Germany
ISBN: 978-3-656-13017-8

Dieses Buch bei GRIN:

http://www.grin.com/de/e-book/188994/der-trend-zum-cloud-computing

GRIN - Your knowledge has value

Der GRIN Verlag publiziert seit 1998 wissenschaftliche Arbeiten von Studenten, Hochschullehrern und anderen Akademikern als eBook und gedrucktes Buch. Die Verlagswebsite www.grin.com ist die ideale Plattform zur Veröffentlichung von Hausarbeiten, Abschlussarbeiten, wissenschaftlichen Aufsätzen, Dissertationen und Fachbüchern.

Besuchen Sie uns im Internet:

http://www.grin.com/

http://www.facebook.com/grincom

http://www.twitter.com/grin_com

Diploma Hochschule

Fachgebiet Informatik 1 und 2

3. Semester

Hausarbeit

Der Trend zum Cloud Computing

Vergabe: 16.12.2010

Abgabe: 10.02.2011

Maximilian Ritz

Bachelor Studiengang Betriebswirtschaftslehre

Inhaltsverzeichnis

Abbildungsverzeichnis

Abkürzungsverzeichnis

CC	Cloud Computing
CRM	Customer Relationship Management
IT	Informationstechnologien
IaaS	Infrastructure as a Service
PaaS	Plattform as a Service
SaaS	Software as a Service

Tabellenverzeichnis

2.3 Die verschiedenen Cloud Typen

Grundsätzlich wird zwischen drei Arten verschiedener Clouds unterschieden, der Public Cloud, der Private Cloud und der Hybrid Cloud.
Die am häufigsten verwendete und populärste Cloud ist die Public Cloud. In ihr stellt ein Plattformanbieter, beispielsweise Google, Amazon oder Microsoft seine Dienste für mehrere Kunden zur Verfügung. Diese Kunden teilen sich dann die Ressourcen, beispielsweise den Datenspeicher, von ein und demselben physikalischen Server und somit auch die Kosten. Die Abrechnung erfolgt hierbei meistens monatlich, ähnlich wie bei einem Abonnement.

Im Gegensatz dazu steht die Private Cloud, welche bei Unternehmen sozusagen eine betriebsinterne, nicht für jedermann zugängliche Cloud darstellt. Im Vergleich zu On-Premise-Lösungen ermöglicht die Private Cloud Schnittstellen nach außen. Beispielsweise kann ein Unternehmen auf diesem Weg, Kooperationspartnern oder Kunden die Nutzung von Tools für die Kooperation ermöglichen. Die Private Cloud erfordert allerdings wieder die Bereitstellung von Hard- und Software, sowie Personal zur Wartung.

Die Hybrid Cloud bildet eine Mischform der beiden vorher genannten Clouds, die dazu dienen soll die Vorteile der beiden anderen Clouds zu kombinieren und deren Nachteile zu kompensieren. Anwendung findet diese Art von Cloud beispielsweise bei Windows Azure AppFabric., indem der Dienst über die Public Cloud, in Form eines Cloud-Service für den Endverbraucher zur Verfügung gestellt wird, gleichzeitig aber betriebsintern an der Software weitergearbeitet werden kann.

Art	Art der Ressour-centeilung	Hoster	Kosten
Private Cloud	keine Ressourcen-teilung	unternehmensintern	• Soft- und Hardware einmalig • Personal monatlich
Hybrid Cloud	Möglichkeit zur Res-sourcenteilung	unternehmensintern und durch CC-Anbieter	• Soft- und Hardware einmalig • CC-Umgebung monatlich
Public Cloud	Ressourcenteilung	CC-Anbieter	monatlich

Tab. 1: Die verschiedenen Cloud-Arten 3

2.4 Die verschiedenen Ebenen des Cloud Computing

Neben den verschiedenen Cloud Typen sind die unterschiedlichen Leistungs-angebote von Cloud Computing in verschiedene Ebenen aufgeteilt. Die drei grundlegenden Ebenen werden im Folgenden genauer erläutert:

2.4.1 Infrastructure as a Service (IaaS)

Bei dieser Form von Cloud Computing werden Betriebssysteme virtuell in der Cloud, auf verschiedenen Servern, zur Verfügung gestellt. Die Benutzer haben also Zugriff auf Betriebssysteme auf externen Servern und können individuell Software innerhalb dieser Infrastruktur installieren. Rechen- und Speicherleis-tung kann je nach Bedarf und Auslastungsgrad abgerufen werden, wodurch die Möglichkeit zur Skalierung der Kosten entsteht. Für die Regulierung der unter-schiedlichen Beanspruchungen des Systems (Load Balancing), ist hier der

---

[3] Vgl. Cloud Computing – Praxisratgeber und Einstiegsstrategien, Mario Meier-Huber; S. 41

Cloud-Computing-Anbieter zuständig. Der Nutzer kann sich daher auf sein Kerngeschäft konzentrieren. Als Beispiel ist ein Unternehmen zu nennen, dass Anbieter von Website-Hosting ist. Durch die Nutzung von IaaS muss das Unternehmen kein eigenes Rechenzentrum mehr betreiben, um seine Services anbieten zu können.

2.4.2 Plattform as a Service (PaaS)

Plattform as a Service bedeutet, dass Entwicklungsplattformen auf externen Servern bereitgestellt werden. Im Vergleich zur IaaS-Ebene, hat der Nutzer hier keine Möglichkeit auf das Betriebssystem zuzugreifen, sondern er bekommt vom Anbieter eine bereits vorbereitete Plattform zur Verfügung gestellt. Diese Plattform kann dann beispielsweise genutzt werden, um laufzeitbegrenzte Projekte durchzuführen oder Anwendungen zu entwickeln. Der Vorteil für den Nutzer ist, dass er sich rein auf den Entwicklungsprozess seiner Anwendungen konzentrieren kann, da er sich nicht um Dinge wie Wartung und Softwarelizenzkosten der Plattform kümmern muss.

2.4.3 Software as a Service (SaaS)

Die am häufigsten verwendete Cloud-Computing-Ebene ist die Anwendungsebene, genannt Software as a Service.
Hierbei wird dem Anwender eine bereits vollständig nutzbare Software, via Internet zur Verfügung gestellt, die er ohne jeglichen Installationsaufwand verwenden kann. Das können zum Beispiel CRM-Anwendungen sein, oder aber Dokumentenmanagement-Lösungen oder Email-Anwendungen sein. Der Nutzer ist also nicht räumlich gebunden und kann die Anwendung von Überall dort nutzen, wo er Zugriff auf das Internet hat. Da keine lokale Installation stattfinden muss, ist die Verteilung bei mehreren Benutzern sehr einfach, weil die Software schon auf dem externen Server installiert ist. Für jeden Anwender der die Anwendung zusätzlich nutzen will, muss lediglich ein zusätzlicher Zugang gekauft werden.

2.5 SalesForce als Beispiel für Cloud Computing

SalesForce ist ein im Jahre 1999 in den USA gegründetes IT-Unternehmen, das seine Produkte ausschließlich in der Cloud anbietet. Das Hauptprodukt ist eine CRM- und Vertriebsanwendung auf der SaaS-Ebene mit dem Namen „SalesCloud", welche mittlerweile schon auf die Version „SalesCloud2" erweitert wurde. Die SalesCloud ist eine Anwendung für modernes Kundenbeziehungs- management und Vertriebssteuerung[4]. Sie soll Vertriebsmitarbeitern die Erstel- lung von Geschäftsabschlüssen und die Verwaltung von Kundeninformationen vereinfachen. Beispielsweise können potenzielle Neukunden (Leads), die von der Marketingabteilung in der SalesCloud erstellt wurden, durch den Vertrieb, über die Cloud, bearbeitet und akquiriert werden. Außerdem bietet SalesForce auf dieser Ebene noch „Chatter", eine Anwendung für internen Informationsaus- tausch an. Durch diese Anwendung soll die Schnelligkeit und Qualität von In- formationsflüssen im Unternehmen verbessert werden. Man kann sich „Chatter" auch als unternehmensinternes soziales Netzwerk vorstellen. Sucht man bei- spielsweise einen Experten innerhalb des Unternehmens, kann „Chatter" dazu genutzt werden. Eine weitere SaaS-Anwendung von SalesForce ist die „Service Cloud", welche den Kundenservice verbessern soll. Sie kann beispielsweise zum Betrieb eines Call Centers genutzt werden, indem die Call-Center-Agents alle wichtigen Informationen für den Kunden, über die Cloud abrufen und Anfra- gen über die Cloud bearbeiten können.

Auf der PaaS-Ebene gibt es die Plattform „Force.com" an. Hier kann der Nutzer individuelle, auf seine Bedürfnisse ausgerichtete Anwendungen entwickeln. Sa- lesForce nutzt die Infrastruktur von „Force.com" auch selbst, um die drei oben genannten SaaS-Anwendungen auf ihr zu betreiben. Daher ist „Force.com" auch für die Sicherheit aller SalesForce-Anwendungen verantwortlich.

Die folgende Abbildung soll einen Einblick in den Aufbau der SalesCloud2 ge- ben:

---

[4] vgl. http://www.salesforce.com/de/crm/sales-force-automation/features.jsp

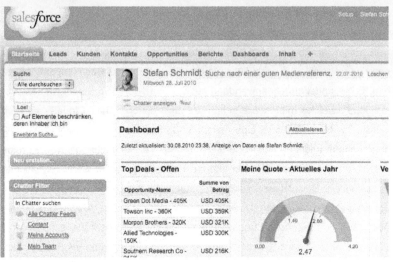

Abbildung 1: Startseite der SalesCloud2[5]

[5] Quelle: http://business.chip.de

3 Wirtschaftliches Potenzial von Cloud Computing

„Cloud Computing bietet große Chancen für den High-Tech-Standort Deutschland.[6]" Mit diesem Satz beginnt Bundesminister für Wirtschaft und Technologie, Rainer Brüderle, das Geleitwort des Leitfadens zur Einführung von Cloud Computing, des Bundesverbandes für Informationswirtschaft, Telekommunikation und neue Medien. Das größte wirtschaftliche Potenzial von Cloud Computing, bildet die Möglichkeit Kosten zu senken und Kostenstrukturen dauerhaft zu verändern. Die Anschaffungskosten von Cloud Computing sind viel geringer, da im Beispiel von SaaS keine Server oder Rechenzentren angeschafft werden müssen, um IT-Leistungen zu nutzen. Gerade für mittelständische Unternehmen ist das eine große Chance, da sie in den meisten Fällen ein kleineres IT-Budget haben, als große Konzerne.

Ein weiterer wirtschaftlicher Aspekt der für Cloud Computing spricht ist die Möglichkeit der Kostenskalierung. Unternehmen, die Cloud Computing nutzen, müssen nur so viele Lizenzen kaufen, wie sie auch wirklich gerade benötigen. Daraus folgt, dass fixe Kosten in variable Kosten umstrukturiert werden können.

Folgendes Kostenbeispiel soll die wirtschaftlichen Vorteile von Cloud Computing genauer darstellen:

Für dieses Beispiel wird von einem kleinen Versicherungsbüro ausgegangen, das insgesamt vier Mitarbeiter beschäftigt. Hierbei sollen die vier Mitarbeiter gemeinsam auf Dienste zur Email- und zum Dokumentenverwaltung zugreifen können.

Für eine On-Premise-Lösung, müsste das Versicherungsbüro eine Serverhardware, eine Bürosoftware und die dazugehörigen Lizenzen, einmalig erwerben. Die nächste Tabelle zeigt, welche Kosten in diesem Beispiel ungefähr, bei einer On-Premise Lösung entstehen würden[7].

---

[6] vgl. BITKOM Leitfaden „Cloud Computing –Was Entscheider wissen müssen" Geleitwort Rainer Brüderle; Bundesminister für Wirtschaft und Technologie
[7] vgl. Cloud-Computing – Praxisratgeber und Einstiegsstrategien, Mario Meier-Huber; S. 69

Produkt	Kosten/Einheit	Anzahl der Einheiten	Gesamt
Serverhardware	854,00 €	1	854,00 €
Kosten für Bürosoftware	289,00 €	1	289,00 €
Lizenzkosten	192,90 €	1	192,90 €
		Summe:	1355,90 €

Tabelle 2: Kostenbeispiel On-Premise[8]

Die andere Möglichkeit des Versicherungsbüros wäre diese Dienste als SaaS-Anwendung in der Cloud zu nutzen. In diesem Fall entstehen keine Anschaffungskosten, sondern es fallen nur die Nutzungskosten des Cloud-Services für vier Mitarbeiter an.

Produkt	Kosten: Einheit/Jahr	Einheiten	Gesamtkosten
Bürosoftware, Dokumentenverwaltung und Email-Dienst	50	4	**200,00 €**

Tabelle 3: Kostenbeispiel Cloud Computing[9]

Anhand dieser Beispiele wird schon ohne Berechnung von Zinsen ersichtlich, dass sich die Variante einer On-Premise-Lösung erst nach mehr als 6 Jahren, im Vergleich zu der Cloud Computing-Variante amortisiert hat.

---

[8] vgl. Cloud-Computing – Praxisratgeber und Einstiegsstrategien, Mario Meier-Huber; S. 70
[9] vgl. Cloud-Computing – Praxisratgeber und Einstiegsstrategien, Mario Meier-Huber; S. 70

Zur Veranschaulichung sind die verschiedenen Lösungen des Beispiels, in der folgenden Abbildung noch mal als Diagramm, zum Vergleich dargestellt.

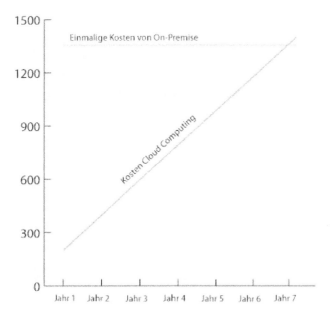

Abbildung 2: Kostenvergleich On-Premise/ Cloud Computing[10]

---

[10] Quelle: eigene Darstellung

4 Risiken von Cloud Computing

Nachdem viele Vorzüge, die die Einführung von Cloud Computing mit sich bringt genannt wurden, soll nun auf mögliche Risiken eingegangen werden.

Grundsätzlich ist vorab zu sagen, dass für alle die Cloud Computing innerhalb der EU betreiben, die Richtlinie 95/46/EG des Europäischen Parlaments und des Rates vom 24. Oktober 1995 zum Schutz natürlicher Personen bei der Verarbeitung personenbezogener Daten und zum freien Datenverkehr[11] gilt, um die Informationen der Nutzer zu schützen.

Ein deutlicher Nachteil von Cloud Computing wird im Fall eines Hackerangriffs auf das Rechenzentrum eines Anbieters ersichtlich. Sollte sich eine Sicherheitslücke öffnen, kann sofort auf die Daten vieler verschiedener Unternehmen zugegriffen werden.
Weiterhin ist zu erwähnen, dass Cloud Computing eine sehr junge Technologie ist, die noch am Anfang ihrer Entwicklung steht. Daher ist nur schwer vorher zu sehen, wie sich das Preisniveau von Cloud-Computing-Diensten entwickeln wird. Man muss durchaus damit rechnen, dass mit weiter ansteigender Nachfrage nach Cloud Computing, auch die Preise nach oben korrigiert werden können.
Das Worst-Case-Szenario wäre der Konkurs eines Anbieters von Cloud Computing. In diesem Fall müsste die IT der betroffenen Nutzer, vollständig umgestellt werden, was wiederum mit erheblichem Aufwand und daher auch mit hohen Kosten verbunden sein kann.

5 Schlussbetrachtung

In diesem abschließenden Teil der Facharbeit soll nun die, bereits in der Einleitung genannte Frage eingegangen werden.

---

[11] http://eur-lex.europa.eu/LexUriServ/LexUriServ.do?uri=CELEX:31995L0046:DE:HTML

Ist ein Umstieg von On-Premise-Lösungen zu Cloud-Computing-Diensten sinn-voll?

Generell kann man sagen, dass Cloud Computing in fast allen Fällen mit deutli-chen Kosteneinsparungen verbunden ist. Außerdem können sich die Nutzer von Cloud Computing, durch das Auslagern der IT-Verantwortung, oft deutlich mehr auf das Kerngeschäft konzentrieren und somit Geschäftsprozesse be-schleunigen. Daher ist ein Umstieg aus wirtschaftlicher Sicht definitiv empfeh-lenswert.

Ein weiterer Punkt, der für die Umstrukturierung zu Cloud Computing spricht, ist die bessere Lastenverteilung. In Zeiten von hohen Serverlasten ist es für die Cloud kein Problem diese zu Puffern, da ihr riesige Rechenzentren zur Verfü-gung stehen, auf die je nach Auslastung zugegriffen werden kann.

Betrachtet man die Risiken, welche Cloud Computing birgt, wird deutlich, dass die meisten von ihnen auch bei der Nutzung herkömmlicher IT-Leistungen be-stehen können. Daher ist es langfristig durchaus denkbar, dass Cloud Compu-ting, im Laufe der Zeit, On-Premise-Lösungen revolutionieren wird. Gerade für mittelständische Unternehmen stellt Cloud Computing eine große Chance dar.

Literaturverzeichnis

Bücher:

Meir-Huber, Mario (2010): Cloud Computing. Frankfurt am Main: entwickler.press

Internet:

http://www.bitkom.org/files/documents/BITKOM_Leitfaden_Cloud_Computing-Was_Entscheider_wissen_muessen.pdf

http://www.bitkom.org/files/documents/BITKOM-Presseinfo_IT-trends_2011_-_18_01_2011_final.pdf

http://business.chip.de/artikel/Artikelserie-Cloud-Computing-Teil-8-Salesforce.com-2_45610438.html

http://eur-Lex.europa.eu/LexUriServ/LexUriServ.do?uri=CELEX:31995L0046:DE:HTML

www.Salesforce.com/de